# Mit Leib und Seele beten

GEBET-BILDERBUCH

# Mit Leib und Seele beten

## GEBET-BILDERBUCH

Mit Illustrationen von Letizia Galli
und Texten von Marie-Agnès Gaudrat
Deutsche Bearbeitung durch Elmar Gruber

Herder Freiburg · Basel · Wien

Titel der französischen Originalausgabe:
Images pour prier de tout son corps
Französischer Text und Idee: Marie-Agnès Gaudrat
Édition du Centurion 1990


Satz : Freiburger Graphische Betriebe
Druck und Einband : Pollina S.A., Luçon/Frankreich - n° 13187
ISBN 3-451-22072-5

# Vorwort

Mit Leib und Seele beten heißt gerne beten.

Von jeher hat sich die Liturgie von Körperhaltungen anregen lassen, um dem Gebet Gestalt zu verleihen: Wir öffnen die Hände, um zu empfangen, wir neigen unseren Kopf, um uns zu sammeln, wir schlagen uns an die Brust als Zeichen von Schuldbewußtsein.

Die Kinder äußern sich spontan und ganz natürlich in körperlicher Weise: Die Kleinsten, die noch nicht über Worte verfügen, um sich mitzuteilen, zeigen ihre Freude, indem sie tanzen oder die Arme hochwerfen. Sie strecken sie aus, um zu zeigen, daß sie hochgenommen werden möchten, sie ziehen sich in sich zurück, wenn sie schlechter Laune sind. Und wenn die Größeren oft die Bewegung ihrer Lippen oder die viel subtileren ihrer Gedanken mit ihrem ganzen Körper begleiten, so tun sie dies aus dem Gefühl der Einheit.

Im Gebet verwirklicht sich der Mensch als ganzer. Den Menschen, von dem die Bibel sagt: Er ist ein Wesen aus Fleisch und Blut, belebt durch den Odem Gottes, ein Wesen, das mit dem Herzen denkt.

Da die Kinder lebendige Beispiele dieses Menschen sind, lassen wir uns von ihnen inspirieren. Wir wollen ihnen helfen, im Gebet die Freiheit zu spüren, in der man vor Gott so sein darf, wie man ist.

# Beten heißt: zu Gott hinlaufen

Wenn jemand
die Arme nach mir ausbreitet,
spüre ich, daß er mich liebt
und daß er mich nehmen
und an sein Herz drücken will.

Ich bekomme Lust, hinzulaufen
und mich an ihn zu drücken.

Gott hat immer
offene Arme für mich.
Er wartet,
daß ich ihm vertraue
und zu ihm hinlaufe
und mich in seine Arme nehmen lasse.

# *Danke*

Ich kann atmen,
trinken und essen.
Ich kann spielen und schlafen.
Ich kann die Liebe spüren.
Das Leben ist schön.

*Herr, schau mich an,*
*ich strecke meine Arme aus und danke dir.*
*Ich freue mich, daß es mich gibt.*

## *Verzeihung*

Es geht mir schlecht;
ich bin bedrückt;
ich kann nicht mehr lachen.
Ich habe etwas Böses getan
und bin jetzt traurig
über mich selbst.

Jetzt brauche ich jemand,
der mich liebhat,
damit ich mich wieder freuen kann.

*Herr, da bin ich traurig und ganz klein.*
*Ich brauche jetzt Verzeihung.*
*Laß mich deine Liebe spüren,*
*dann bin ich wieder froh.*

# *Guten Tag*

Ich bin da, so wie ich bin.
Du willst mich so haben, wie ich bin,
nicht größer und nicht kleiner.
Vor dir brauche ich mich nicht größer
und nicht kleiner zu machen,
als ich wirklich bin.

*Guten Tag, Herr,*
*da bin ich, wie ich bin,*
*mit meinem Hund,*
*mit allen Dingen, die ich liebe.*

# Beten heißt: mit Gott schmusen

Schmusen ist schön,
weil man da die Liebe spürt.
Die Liebe ist von Gott,
auch wenn ich mit Menschen schmuse.

Manchmal kann ich nicht
lieben und schmusen
und an Gott denken.

Aber ich kann etwas tun,
damit die Lust zum Beten
wieder kommt
und ich die Liebe wieder spüre.

Die drei nächsten Bilder
zeigen es.

## *Ich öffne meine Hände*

Auch wenn ich keine Lust
und keine Laune habe,
kann ich mich ganz ruhig und ganz still
hinsetzen oder auch hinknien.
Und jetzt öffne ich ganz langsam
meine Hände.
Meine Hände öffnen sich,
und ich selber öffne mich
wie ein Fensterladen.

*Ich warte,*
*bis ich spüre, daß ich ganz offen bin.*
*Herr, jetzt bin ich für dich ganz offen.*

# *Ich ziehe mich zurück*

Oft bin ich ganz aus dem Häuschen,
ich bin ganz durcheinander,
weil mich so viel auf einmal beschäftigt.
Manchmal habe ich gar keine Zeit mehr
und kann nicht an Gott denken.

Da muß ich mir Zeit nehmen
und von dem Lärm
und von dem tollen Durcheinander
ganz einfach weggehen.

Ich ziehe mich zurück,
wo es still ist
und wo ich Ruhe habe.

*Herr,*
*jetzt habe ich wieder Zeit,*
*daß ich an dich denken kann.*

## *Ich beruhige mich*

Manchmal bin ich so zappelig und unruhig,
daß ich nicht denken und nicht beten kann.
Da hilft es,
wenn ich langsam und sachte
von einem Fuß auf den anderen trete
und mich hin und her wiege.
Die Arme schwingen mit.
Ich stelle mir dabei vor,
wie mich Gott in seinen Armen
wiegt und schaukelt.

*Herr,*
*ich liege dir in den Armen,*
*es ist schön bei dir.*

# Gott Geschenke machen

Menschen, die sich lieben,
machen sich Geschenke.
Geschenke machen immer Freude:
Ich freue mich,
wenn ich ein Geschenk bekomme,
ich freue mich,
wenn ich ein Geschenk mache.

Gott schenkt mir alles,
er hat sogar mich
mir selber geschenkt.
Ich kann Gott auch Geschenke machen
und ihm zeigen,
wie ich ihn liebe.

Die drei nächsten Bilder zeigen,
wie ich Gott beschenken kann.

## *Wenn ich male*

Gott hat die Welt erschaffen,
und er macht,
daß es alles gibt, was es gibt.

Er hat mich so gemacht,
daß auch ich viel machen kann.
Was ich alles machen kann
mit meinen Händen:
werken, formen und gestalten,
schreiben, zeichnen, Bilder malen.

*Ich kann für Gott ein Bild malen*
*und es ihm schenken.*

## *Wenn ich laufe*

Was ich mit meinen Füßen
alles machen kann:
gehen, laufen, springen, tanzen,
Fußball spielen.
Ich kann mich fortbewegen,
von da nach dort.
Gott macht das Leben.

*Er macht,*
*daß ich mich bewegen kann.*
*Ich kann ihm*
*mein Leben schenken.*

# *Wenn ich die Hand gebe*

Wenn ich jemand die Hand gebe,
bin ich mit ihm verbunden,
und er ist mit mir verbunden.
Wir sind nicht mehr allein
und haben keine Angst mehr.
Gott hat das so gemacht.

*Ich kann Gott meine Hand schenken,*
*dann kann ich ihn spüren,*
*wenn er uns bei der Hand nimmt.*

# Beten ist wie ein Samenkorn

Man muß es einsetzen
und gießen.
Am Anfang sieht man noch nichts.
Dann geht das Korn auf
und wird eine große Pflanze.
Die Pflanze blüht
und trägt Früchte.

So ist es auch beim Beten:
Ich muß es tun,
dann geht Gott auf in meinem Leben,
und ich kann immer mehr
seine Liebe spüren.

Zum Beten brauche ich meinen Körper:
meinen Mund,
meine Augen,
meine Hände.

## *Ich brauche meinen Mund*

Ein Mund kann Böses tun
und Gutes.
Er kann beißen, lügen,
Böses sagen,
er kann küssen,
loben und die Wahrheit sagen.

*Herr, öffne meine Lippen,*
*damit ich das Gute sage*
*und immer mit dir rede.*

# *Ich brauche meine Augen*

Mit meinen Augen kann ich alles sehen,
wenn ich sie nicht verschließe.
Ich sehe: Die Welt ist schön,
ich darf mich an allem freuen, was es gibt.
Ich sehe auch das Böse und die Not:
Die Menschen brauchen mich,
und auch die Pflanzen und die Tiere
brauchen meine Sorge.

*Herr, öffne meine Augen,*
*damit ich das Schöne sehe in der Welt*
*und auch die Not, in der ich helfen muß!*

# *Ich brauche meine Hände*

Meine Hände können alles,
sie können Böses tun und Gutes.
Sie können schlagen, drohen, quälen,
sie können streicheln, grüßen, trösten.

Mit meinen Händen kann ich segnen,
dann wird alles gut.

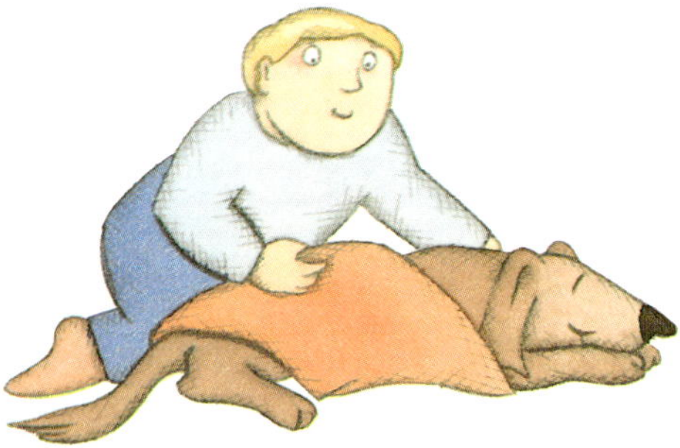

*Herr, öffne meine Hände,*
*damit sie das Gute tun*
*und die Leiden lindern helfen.*

# Beten ist wie ein Fluß

Der Fluß trägt alle Schiffe,
die sich tragen lassen,
hin zu einem großen Ziel.
Das Beten trägt alle Beter
hin zu Gott.

Wenn ich bete
bin ich nie allein.
Ich gehöre zu den vielen Menschen,
die jetzt auch alle beten
und die schon gebetet haben,
bevor ich auf der Welt war.

Die drei folgenden Bilder zeigen,
wie Menschen früher gebetet haben.

# *Du gibst meinen Schritten weiten Raum*

Der Herr ließ mich springen
schnell wie Hirsche,
auf hohem Weg
ließ er mich gehen.

Psalm 18

*Du gibst meinen Schritten weiten Raum*
*meine Knöchel wanken nicht.*

## ***Blickt auf zu ihm***

Alle, die auf dich schauen, Herr,
fürchten sich nicht mehr.
Alle, die auf dich schauen,
brauchen nichts zu entbehren.

Psalm 34

*Blickt auf zu ihm,*
*so wird euer Gesicht leuchten,*
*und ihr braucht nicht zu erröten.*

# *Wie ein Kind ...*

Herr, sieh mich an,
mein Herz ist nicht stolz.
Herr, sieh mich an,
meine Wünsche sind erfüllt.
Herr, sieh mich an,
bei dir bin ich ganz ruhig.

Psalm 131

*Herr,*
*bei dir bin ich*
*wie ein Kind*
*in den Armen seiner Mutter.*

# *Zum Inhalt*

**Kapitel 1:** Der Körper spricht seine eigene Sprache, und die Kinder wissen davon! Drei Bilder sollen die Kinder bei ihren spontanen Gebeten begleiten: Danke (Seite 6), Verzeihung (Seite 8), Guten Tag (Seite 10).

**Kapitel 2:** Kinder bewegen sich gerne. Drei Bilder wollen die Kinder anregen, sich mit dem Körper auf das Beten einzustimmen: Ich öffne meine Hände (Seite 16), Ich ziehe mich zurück (Seite 18), Ich beruhige mich (Seite 20).

**Kapitel 3:** Man kann auf den Knien beten oder auch beim Laufen. Drei Bilder verbinden das Gebet mit verschiedenen Tätigkeiten. Wenn ich male (Seite 24), Wenn ich laufe (Seite 26), Wenn ich die Hand gebe (Seite 28).

**Kapitel 4:** Wenn die Kinder sich durch ihr Leben zum Beten anregen lassen, ist es an uns, die Kinder aufmerksam zu machen, wie das Gebet seinerseits das Leben beeinflußt. Drei Bilder, die helfen sollen, diese Dimension des Gebetes zu begreifen: Ich brauche meinen Mund (Seite 32), Ich brauche meine Augen (Seite 34), Ich brauche meine Hände (Seite 36).

**Kapitel 5:** Beten, das heißt auch, sich mit denen zu „verbinden", die vor uns gebetet haben, und mit jenen, die zur gleichen Zeit woanders beten. Drei Bilder verdeutlichen, daß in den Psalmen des Alten Testaments das Gebet und das Wirken Gottes durch den Körper zum Ausdruck kommen: Du gibst meinen Schritten weiten Raum (Seite 40), Blickt auf zu ihm (Seite 42), Wie ein Kind (Seite 44).

## *Zum Gebrauch*

Die Kinder können zuallererst einfach dem Faden des Buches folgen und sich einen Überblick verschaffen über die Texte und Bilder und sich dabei Zeit nehmen, dort zu verweilen, wo sie es wünschen.

Sie können den Kindern bei der Begegnung mit dem Gebet auch helfen, indem Sie das Buch bei einem Bild des Kapitels 2 aufschlagen. Ferner können Sie das Buch punktuell benutzen im Zusammenhang mit der Lebenssituation des Kindes: Nach einer Wanderung schlagen Sie das Buch bei dem Bild „Wenn ich laufe“ auf. Wenn das Kind mit jemandem einen besonderen Augenblick der Vertrautheit erlebt hat, wählen Sie das Bild „Wenn ich die Hand gebe“. Wenn es sich unwohl fühlt, „getrennt“ von jemandem, den es beleidigt hat, nehmen Sie das Bild „Verzeihung“.

Schritt für Schritt sollte das Kind in seinem Buch das Bild finden, das es anregt, ganz nach seiner momentanen Stimmung zu beten. Und wenn die Bilder zu anderen Gebeten anregen oder wenn ihr Leben andere Bilder hervorbringt – um so besser! Dieses Buch ist eine Stütze ihrer Spontaneität. Sie können das Buch ergänzen durch Bilder, die geeignet sind, sich an Gott zu wenden.

# Gebet-Bilderbücher – Poetische und phantasievolle Anleitungen zum persönlichen Gebet

48 Seiten,
durchgehend farbig illustriert,
gebunden.
ISBN 3-451-22071-7

Dieses unvergleichliche „Gebet-Bilderbuch“ geht neue Wege. Einfühlsam führt es Kinder ab 4 Jahren von der Erfahrung ihrer Lebenswelt zu Gott. Stimmungsvolle Aquarelle und einfühlsame Texte erschließen mit großer Zärtlichkeit den Zauber des Alltags. Zugleich wecken die greifbaren und damit begreifbaren Bilder in den Kindern die Sensibilität, die Gott in allen Dingen findet: im Wind, dem Wasser, der Erde, einem Kiesel; im Glas, einer Tür und im Kreuz. Eine ungewöhnliche Entdeckungsreise in die Tiefe der großen und kleinen Kinderwelten.

**Die Reihe wird fortgesetzt u. a. zu folgenden Themen:**

- Weihnachten (ISBN 3-451-22073-3)
- Ostern (ISBN 3-451-22076-8)
- In Freude und Leid (ISBN 3-451-22074-1)
- Am Morgen und Abend (ISBN 3-451-22075-X)

Verlag Herder Freiburg · Basel · Wien